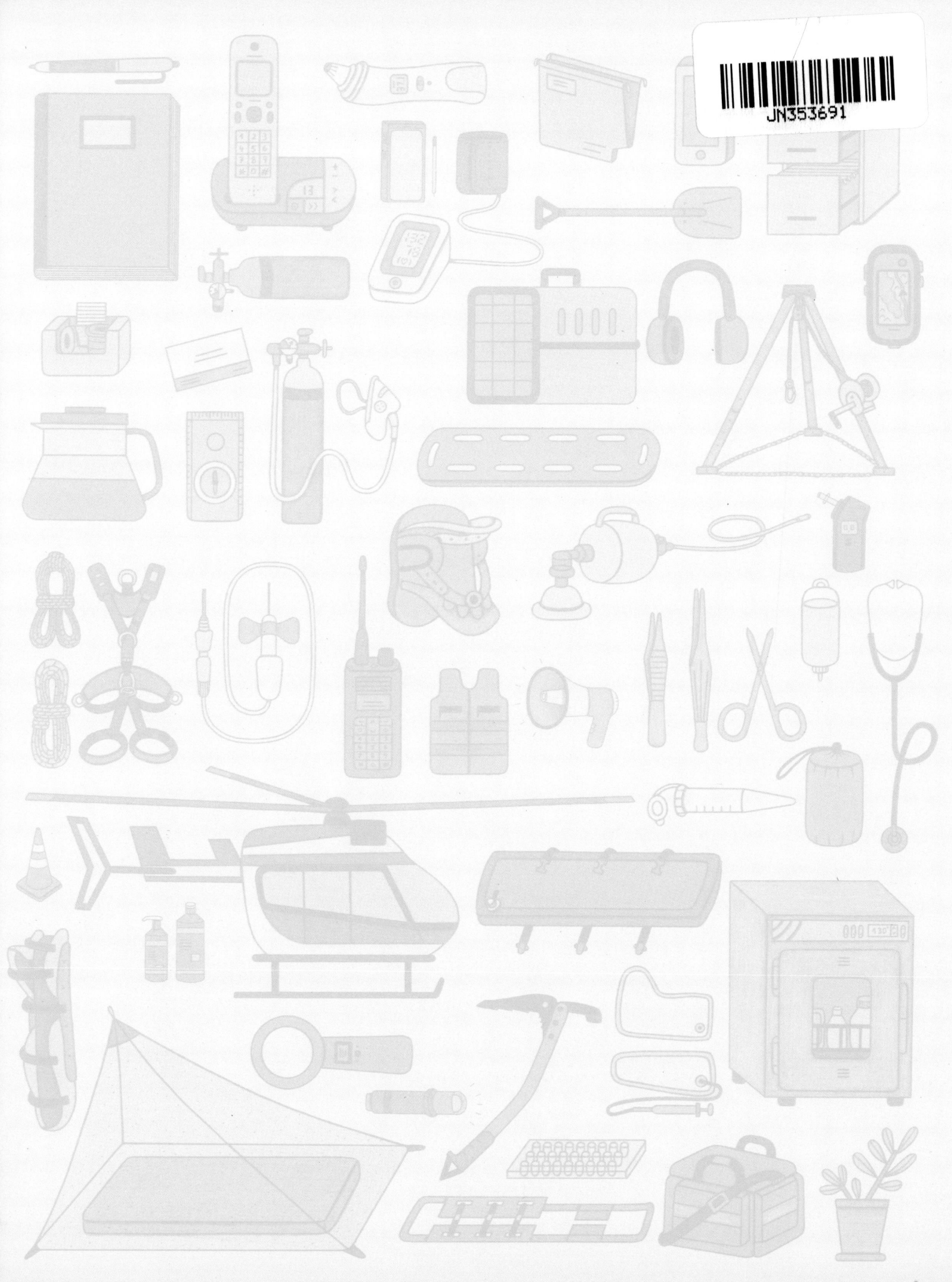

이 책의 한국어판 저작권은
저작권사와 독점 계약한 책속물고기에 있습니다.

Original Edition published under the title **Life Savers** © 2021 Magic Cat Publishing Ltd.
Text © 2021 Eryl Nash
Illustrations © 2021 Ana Albero
First published in 2021 by Magic Cat Publishing Ltd.
The Milking Parlour, Old Dungate Farm, Plaistow Road, Surrey GU8 4PJ, UK
Korean translation copyright © 2021 BookInFish
This Korean edition was published by agreement with Magic Cat Publishing Ltd.,
through The ChoiceMaker Korea Co.

이 책의 한국어판 저작권은 초이스메이커코리아를 통해
저작권사와 독점 계약한 책속물고기에 있습니다.
저작권법에 의해 한국 내에서 보호를 받는 저작물이므로
무단 전재와 무단 복제를 금합니다.

일과 도구로 이해하는 열두 가지 직업

생명을 지키는 사람들의 하루

에릴 내시 글
아나 알베로 그림

김배경 옮김
국경없는의사회 해설

책속물고기

| 이 책을 응원하며 |

나는 어릴 때 생명을 지키고 사람들을 돕는 직업을 꿈꿨어요!

그래서 의사가 되었답니다!

나는 내 직업이 좋아요. 날마다 아픈 사람들을 고쳐 주고 도와줄 수 있어서요. 여러분도 아프거나 부상을 당한 사람들과 동물들을 구하는 직업들, 위기에 빠진 지구 환경을 보호하는 직업들을 머릿속에 그려 봐요. 정말 멋지지 않나요?

주위를 둘러보면 생명을 지키는 사람들이 많아요. 하지만 모르고 그냥 지나치기 쉬워요. 왜냐하면 현실 속 영웅들은 영화에서처럼 망토를 두르고 다니지 않기 때문이죠. 남다른 것이 있다면, 생명을 소중히 여기는 마음과 투철한 직업의식과 책임감 그리고 열심히 노력하는 자세겠지요.

누구나 마음만 먹는다면 이런 영웅들이 될 수 있답니다.
어린이 여러분은 커서 무엇이 되고 싶나요?

추천 **조 윌리엄스**
영국 국립보건원 의사이자 생명을 지키는 사람

생명을 지키는 열두 명의 사람들을 소개합니다!
어떤 직업이고, 어떤 일을 하고, 어떤 도구를 쓰는지 알아봐요.

소방관
레오니, 영국
위험한 화재 현장으로
출동해서 불을 꺼요.

응급 구조사
다비드-로렌스, 스위스
구급차를 몰고 가서
위급한 환자를 돌봐요.

소아과 간호사
세실리아, 스페인
아기들과 어린이들을
치료해요.

산악 구조원
파비앙, 프랑스
산에서 길을 잃거나
다친 사람들을 구해요.

심리 상담사
요하네, 독일
마음이 아픈 어린이들과
어른들의 이야기를 들어 줘요.

경찰관
도미니크, 영국
맡은 구역을 순찰하며
사람들이 법을 지키도록 도와요.

수의사
타미카, 미국
아프거나 다친 동물들을
치료해요.

비행 진료 의사
앤드루, 호주
비행기나 헬기를 타고 가서
위급한 환자들을 구해요.

외과 의사
아산, 파키스탄
수술을 해서
환자의 생명을 구해요.

암 연구 과학자
진, 중국
목숨을 위협하는 무서운 병의
치료법을 연구해요.

구호 활동가
가브리엘라, 이탈리아
재난을 입은 사람들에게
필요한 물자 등을 제공해요.

인명 구조원
쿤, 네덜란드
바다나 수영장에서
물에 빠진 사람을 구해요.

생명을 지키는 첫 번째 직업

소방관

나는 소방관 레오니예요. 나와 내 동료들은 소방서장이 오늘의 할 일을 알려 주는 동안 제복으로 갈아입으며 하루를 시작해요. 소방관은 기본적으로 화재가 발생하면 현장에 출동해서 불을 끄고 사람을 구하는 일을 해요.

호스, 사다리, 급수기 등 불을 끌 때 필요한 도구들이 이상 없는지 매일 확인해요. 신고가 들어오면 바로 출동할 수 있도록 준비되어 있어야 하거든요. 급박한 상황이 아닐 때는 지역 사회 주민들에게 화재 예방법 등 소방 안전 교육을 해요. 그리고 체력을 키우기 위해 틈틈이 운동을 하고, 불을 끄는 훈련도 하지요.

그러다 화재 신고가 들어오면 서둘러 소방차를 몰고 현장으로 출동해요. 도로를 달리는 동안 빨간 비상등을 켜고 사이렌도 울리며 빨리 길을 비켜 달라는 신호를 보내지요. 불을 끄는 일뿐만 아니라 사고가 났거나 해로운 화학 물질이 새어 나오는 등 위험에 빠진 사람들을 구하기 위해서 어디든 가리지 않고 달려가는 게 소방관의 임무예요. 그렇게 하루 일과를 마치고 나면, 사람들이 안전한 삶을 누릴 수 있게 도왔다는 생각이 들어서 소방관이라는 직업에 자부심을 느껴요.

레오니, 영국

소방 훈련 시간이에요. 높은 탑을 사다리로 올라가 보고, 호흡 기구를 잘 착용하고 연기가 자욱한 건물 안에 들어가는 연습을 해요.

무서운 불길을 잠재우려면 물을 세차게 뿜는 호스를 잘 다뤄야 해요. 자동차에 갇힌 사람을 꺼낼 땐 차 문을 자르기 위해 절삭기를 사용하기도 해요.

신고가 들어왔어요! 모두 하던 일을 멈추고, 현장으로 출동해요. 열심히 훈련하고 연습한 대로 소중한 생명을 구하러 가요.

생명을 지키는 두 번째 직업

응급 구조사

내 이름은 다비드-로렌스예요. 구급차를 몰고 가서 위급한 환자를 돌보는 응급 구조사지요. 아침에 가장 먼저 구급차를 점검해요. 타이어 상태는 괜찮은지, 휘발유는 가득 채워져 있는지, 응급 상황 때 켜는 파란 비상등과 사이렌이 잘 작동하는지 확인하지요.

보통 두 대의 휴대 전화에 문자 메시지로 구조 요청이 들어와요. 문자 메시지에는 환자의 집 주소, 나이와 성별 그리고 환자에게 어떤 도움이 필요한지가 담겨 있어요.

응급 구조사는 현장에 도착하자마자 본부에 알려요. 우리가 들어가는 곳이 안전한지 확인한 다음, 도움이 필요하면 경찰을 부르지요. 응급 구조사가 다치면 다른 사람들을 도울 수 없으니까요. 또 구경꾼들이 몰려들지 않도록 현장을 통제하기도 해요.

환자와 마주하면 우선 환자의 상태를 살펴요. 이때 환자가 원래 앓고 있는 병에 대해서도 기록하지요. 그리고 응급 처치에 필요한 의료 상자와 장비들을 챙기면서 환자를 돌봐요. 이런 모든 과정을 우리는 팀을 이뤄 서로 도와 가며 일해요.

가장 기쁜 순간은 환자가 위기를 넘기고 회복되는 모습을 볼 때예요. 한 생명을 구했다는 뿌듯함이 밀려오는 순간이지요.

다비드-로렌스, 스위스

환자를 만나면 현재 얼마나 위험한 상태인지, 어떻게 아픈지를 서둘러 파악해요.

환자가 호흡이 가쁘거나 심장이 멈춰 위급하다면, 병원으로 옮길 때까지 심폐 소생술을 해요.

병원에 도착하면 의사와 간호사에게 환자의 상태에 대해 정확하게 이야기해 줘요.

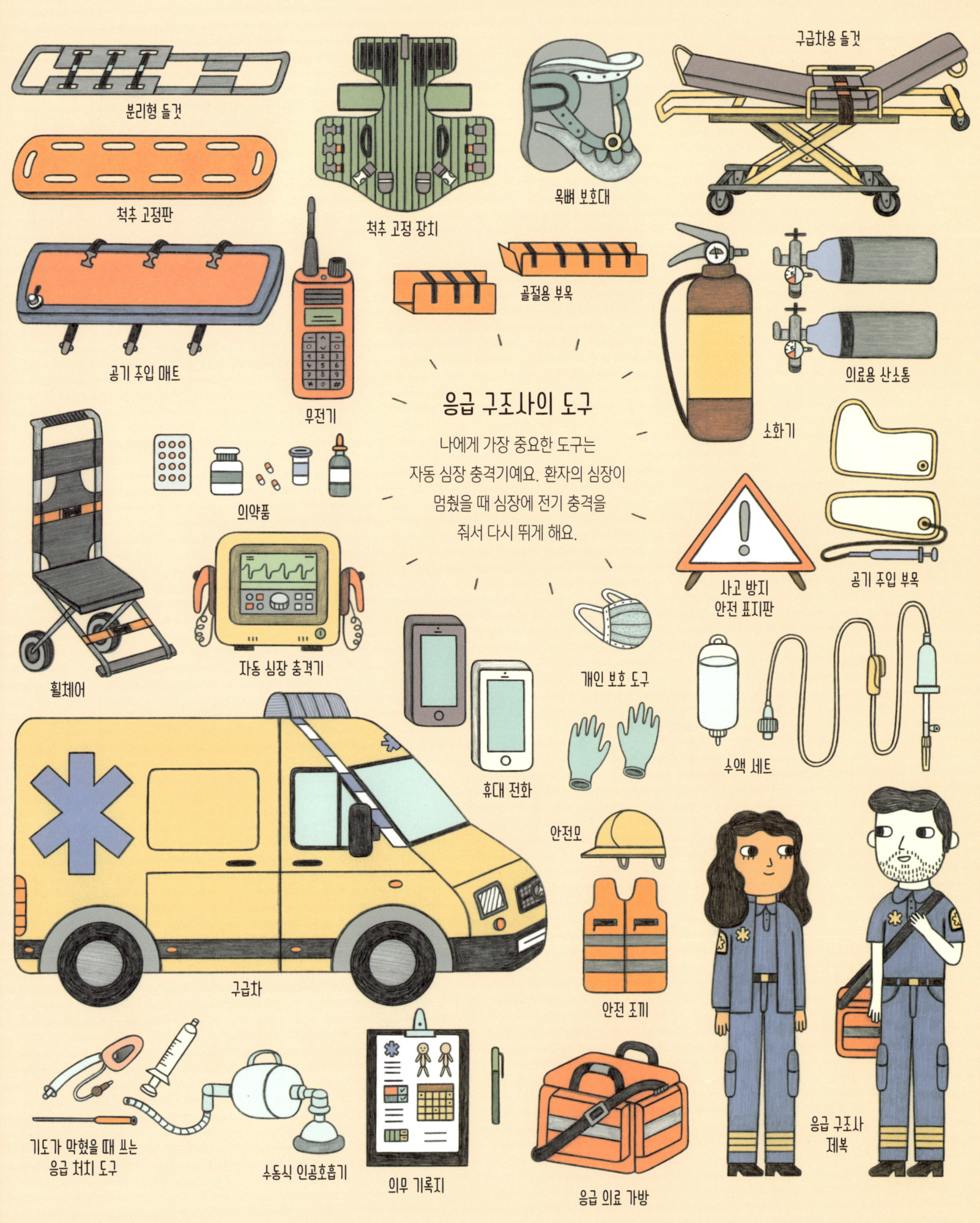

생명을 지키는 세 번째 직업

소아과 간호사

나는 세실리아예요. 스페인의 병원에서 소아과 간호사로 일하고 있어요. 간호사들은 24시간 번갈아 가며 근무해요. 그래서 앞 시간에 근무한 간호사에게 병동에 있는 환자들의 상태가 어떤지 전해 듣는 것으로 하루 일과를 시작해요.

나는 주로 엄마 배 속에서 열 달을 다 채우지 못하고 태어난 아기들을 돌보고 있어요. 그런 아기들은 작고 연약하기 때문에 인큐베이터 안에서 잘 자랄 수 있게 해야 돼요. 어떤 아기들은 호흡에 문제가 있어서 스스로 숨 쉴 수 있을 때까지 산소를 공급해 주지요. 소아과에는 다치거나 병에 걸린 아이들이 찾아와요. 소아과 간호사는 어린이 환자들이 빨리 나을 수 있도록 약을 주고, 어떤 문제가 있는지 정확히 알기 위해 혈액 검사를 하기도 해요. 그뿐만 아니라 의사를 도와 붕대를 갈아 주거나 수술 준비를 하지요. 아이가 아파서 몹시 걱정하는 부모들에게 상황을 설명하고 안심을 시켜 주는 일을 하기도 해요.

나는 어린이 환자들이 다 나아서 건강한 모습으로 가족과 친구들 품에 돌아갈 수 있기를 바라며 언제나 최선을 다하고 있답니다.

세실리아, 스페인

인큐베이터에 있는 아기들의 상태를 자세히 기록해요. 아기들이 영양을 제대로 공급받으며 씩씩하게 잘 자라고 있는지 확인해야 하니까요.

뼈가 부러진 부위에 석고 붕대를 해 주고, 다친 상처에 소독을 하고 약을 발라 줘요.

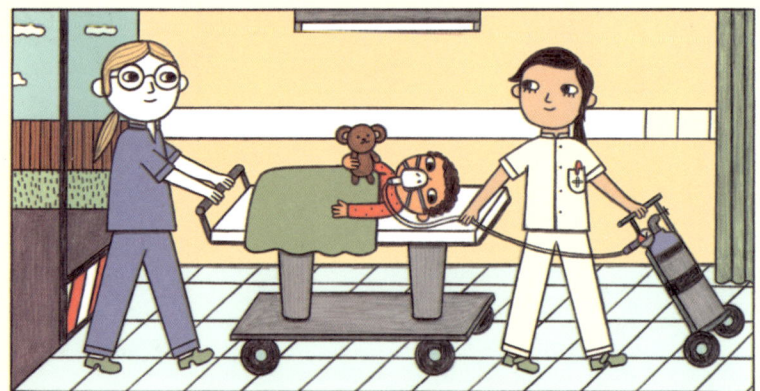

병원에는 수많은 의사와 간호사가 함께 일하고 있고, 나도 그 팀의 일원이에요.

생명을 지키는 네 번째 직업

산악 구조원

나는 프랑스의 산악 구조원, 파비앙이에요. 프랑스에서는 훈련된 군인이나 경찰, 수사원으로 산악 구조대가 이루어져요. 위험에 빠진 사람들을 구하고, 사건 사고의 원인을 밝히고, 사람들에게 안전 교육을 하지요.

나는 두 장소를 오가며 일해요. 헬리콥터가 뜨고 내리는 구역과 긴급 구조 요청 전화를 받고 구조 활동을 계획하는 사무실에서요. 구조 활동을 할 때는 직접 달려가기도 하지만 의사, 헬기 조종사와 팀을 이뤄 헬리콥터를 타고 가기도 하지요. 구조할 사람이 심하게 다쳤다면 그 자리에서 응급 처치를 해요. 뼈가 부러졌다면 부목을 대 주고, 들것에 싣기도 해요. 그런 다음 헬리콥터로 부상자를 조심히 옮겨서 제대로 치료받을 수 있도록 병원에 데려다주지요. 산악 사고는 보통 등산이나 패러글라이딩을 하다가, 또는 스키를 타다가 일어나고는 해요. 사고 난 상황에 따라 구조 활동은 매번 다르고, 그때마다 새로운 경험을 하게 돼요. 그런 경험들은 다음 구조 활동을 더 잘할 수 있는 배움의 기회가 된답니다.

파비앙, 프랑스

헬기에 실을 수 있는 무게와 헬기가 공중에 떠 있을 수 있는 시간은 정해져 있어요. 그래서 부상자를 최대한 안전하고 빠르게 옮겨야 해요.

부상자를 들것에 싣고 구조용 삼각대를 이용해서 상황에 따라 들어 올리거나 낮은 곳으로 내려요.

내가 일하는 알프스산맥은 세계 산악 지대 중에서 사고가 가장 많이 일어나는 곳이에요. 우리 산악 구조대는 한 해에 약 1,000명 정도를 구조한답니다! 우리 산악 구조대에서 구조견도 빼놓을 수 없지요. 훈련받은 개들은 냄새를 아주 잘 맡아서 눈사태로 눈 더미 속에 파묻힌 사람을 찾아내요.

생명을 지키는 다섯 번째 직업
심리 상담사

나는 요하네라고 하고, 독일에서 심리 상담사로 일해요. 심리 상담사는 마음이 아픈 사람들을 도와요. 힘든 속마음을 털어놓을 수 있도록 기다려 주고, 이야기를 잘 들어 주지요. 상담을 받은 사람들이 용기를 내서 더 나은 세상을 바라보게 하고 싶어요.

아침에 가장 먼저 자동 응답 전화기에 저장된 메시지와 이메일을 확인해요. 하루에 다섯 번 정도 상담을 하는데, 나에게 찾아온 사람들에게 어떤 변화가 있는지 상담 과정을 기록하지요.

상담은 상담사와 상담 받는 사람이 서로 마음을 주고받는 과정이라고 할 수 있어요. 그래서 상담에서 가장 중요한 건 대화예요. 하지만 사람에 따라 힘든 감정을 치유할 때 다른 방법이 필요하기도 해요. 예를 들어 가까운 사람의 죽음을 겪은 아이에게는 그 사람을 기억할 수 있는 특별한 물건을 담은 '기억 상자'를 만들어 보라고 해요. 그리고 걱정과 불안이 큰 아이들에게는 걱정을 종이에 모두 적은 다음, '걱정 먹는 인형'의 입에 넣어 보라고 하지요. 나는 상담을 마치고 난 뒤에 처음보다 행복하고 건강한 마음을 가지게 된 사람들을 지켜볼 때 가장 기뻐요. 감정적으로 힘들 때도 있지만, 보람찬 직업이랍니다.

요하네, 독일

가까운 사람을 떠나보내서 슬퍼하는 어른들을 위해 아침마다 함께 커피를 마시는 시간을 가져요. 이러한 치유 시간을 통해 슬픔을 이겨 낼 수 있도록 도와요.

오후에는 아이들과 상담을 해요. 아이들이 걱정을 솔직하게 털어놓을 수 있도록 편안한 자리를 만들어 주려고 노력해요.

불안 증상을 겪는 사람들과 상담할 때는 숫자를 이용해 불안의 정도를 확인해요. 처음 상담할 때는 10까지의 숫자 중에서 9라고 말할 만큼 불안했던 사람이 여러 번 상담하고 나서 4까지 줄어들었다고 말해서 기뻤어요.

생명을 지키는 여섯 번째 직업

경찰관

나는 사람들을 안전하게 보호하는 영국의 경찰관, 도미니크예요. 경찰서에 출근하면 제일 먼저 경찰관 제복으로 갈아입어요. 제복을 입어야 일하는 동안 사람들이 내가 경찰관인 것을 쉽게 알아보고 도움을 요청할 수 있으니까요.

나는 경찰차를 타고 맡은 구역을 돌아다니며, 도로에서 사고가 일어나지 않았는지, 어려움에 처한 사람은 없는지 살펴요. 무전기로 경찰서와 수시로 연락하면서 경찰관의 도움이 필요한 사람들의 위치도 파악하면서 일하지요. 경찰관이 하는 일은 다양해요. 사람들이 법과 규칙을 지키도록 안내하고, 혼잡한 교통을 정리하기도 하고, 긴급 상황이 벌어지면 출동해서 대처하지요. 사건이 벌어지면 사람들의 진술을 듣고 시시 티브이(CCTV) 같은 다양한 증거를 모으면서 사건이 해결될 때까지 조사 활동도 해요.

경찰관에게 가장 중요한 능력은 바로 원활한 의사소통이에요. 흥분한 사람들을 달래며 이야기를 잘 들어 줘야 사건을 제대로 파악하고 최대한 빨리 문제를 해결할 수 있지요. 그렇게 경찰관은 사람들을 안전하게 지켜 주기 위해 누구보다 열심히 노력해요.

도미니크, 영국

사람들 눈에 잘 띄게 만들어진 경찰차를 타고 순찰해요. 그러다가 무전기로 긴급 호출을 받으면 파란 비상등을 켜고 곧장 사고 현장으로 출동해요!

만약 위험에 처한 사람이 갇혀 있다면, 경찰관은 그 사람을 구하기 위해 강제 진입용 도구로 문을 부수고 들어갈 수 있는 권한이 있어요.

사고가 나면, 다친 사람이 있는지 확인하고 무전기로 구급차를 불러요. 증거를 보존하기 위해 사고 현장에 경찰 통제선 테이프를 두른 다음, 어떻게 사고가 났는지 밝힐 수 있는 증거를 모아요.

생명을 지키는 일곱 번째 직업

수의사

나는 미국에 사는 타미카예요. 아프거나 다친 동물들을 진찰하고 치료하는 수의사지요. 아침에 동물 병원에 도착하면 다른 수의사들과 함께 오늘 할 일은 무엇인지 점검해요.

나의 환자들은 바로 동물들이에요. 예방 접종이나 혈액 검사를 하려는 동물도 있고, 피부가 가렵다거나 귓속에 염증이 생긴 동물도 있지요. 심각한 질병이 있을 때는 병원에 좀 더 오래 머무르게 돼요. 그런 경우에는 약을 먹이거나 주삿바늘을 통해 수액을 공급하는 치료를 하지요. 그리고 아픈 동물들이 불안하지 않도록 애정 표현도 많이 해 주는 것이 좋아요.

동물 병원에서는 수술도 해요. 내가 일하는 동물 병원은 대도시 뉴욕에 있기 때문에 찻길에서 교통사고를 당해 크게 다친 동물도 많이 보지요. 엑스레이를 찍거나 초음파 검사를 해서 다친 부위를 찾아낸 다음, 마취 가스를 주입해 깊은 잠에 빠지게 하고 나서 수술을 한답니다.

수의사들은 밤늦도록 일할 때도 있어요. 늦은 밤 갑자기 아픈 동물이 생겼다는 연락이 오면 바로 병원으로 달려가야 하거든요. 수의사는 한시도 마음을 놓을 수가 없다니까요.

타미카, 미국

동물들은 어디가 아픈지 말하지 못하기 때문에, 손으로 만지거나 전문 장비를 이용해 아픈 부위를 찾아내는 게 중요해요.

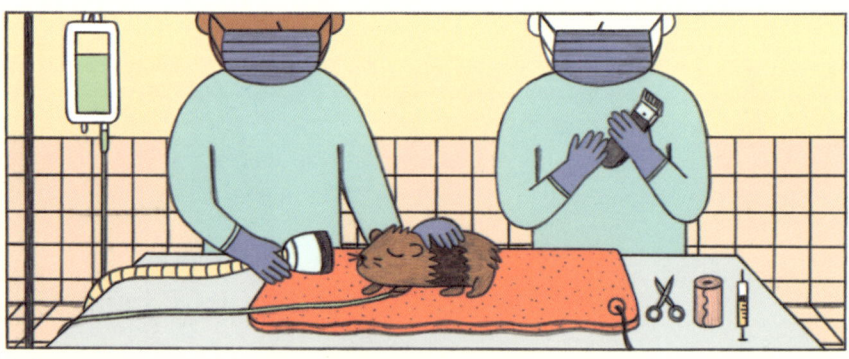

생각지도 못한 부상을 입고 수술하는 동물들이 정말 많아요. 기분이 좋아서 높은 곳에서 뛰어내리다가 다리가 부러진 기니피그도 있었지요! 양말을 삼키려고 했던 강아지도 있었고요.

다 나아서 주인 품으로 돌아가는 반려동물들의 행복한 모습을 보면 힘이 나요!

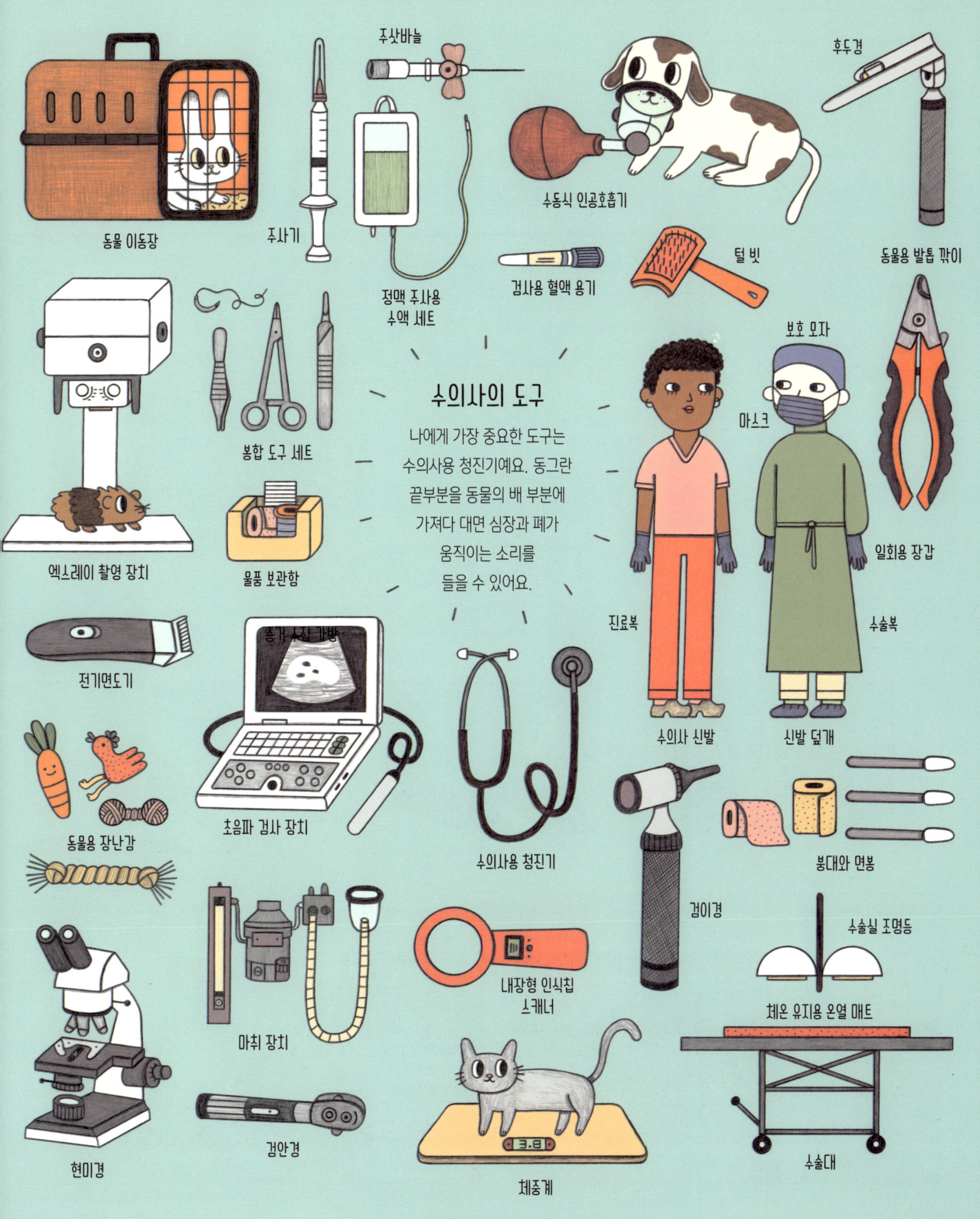

생명을 지키는 여덟 번째 직업

비행 진료 의사

내 이름은 앤드루예요. 호주 북부 지역에서 비행기를 타고 환자들을 찾아다니는 의사지요. 우리 의료진은 응급 처치가 필요하지만 병원이 멀리 떨어져 있어서 어려움을 겪는 사람들에게 비행기를 타고 직접 찾아가요.

우리는 외진 곳에 사는 환자를 병원으로 옮기는 일을 해요. 그중에서도 '중환자를 빨리 큰 병원으로 옮겨 달라'는 요청을 받을 때가 가장 많지요. 환자를 비행기에 태우고 응급 처치를 하면서 최대한 빨리 병원과 가까운 공항으로 날아가지요.

인적이 드문 곳에서 자동차 사고 등이 나서 큰 부상을 입은 환자가 생겼을 때도 출동해요. 이런 경우에는 헬리콥터를 타고 가요. 사고 현장에서 환자를 이송할 병원 옥상까지 바로 날아갈 수 있으니까요.

일을 무사히 마치고 본부로 돌아오면 우리가 한 일을 기록하고, 앞으로 어떤 점을 개선하면 좋을지 함께 의논해요. 그리고 항상 장비가 잘 갖춰져 있는지, 제대로 작동하는지 확인하지요. 그래야 다음 환자를 만나도 잘 대처할 수 있을 테니까요.

앤드루, 호주

우리는 위성 전화로 본부와 연락을 주고받아요. 그래서 비행 중에도 환자 상태에 대한 정보가 실시간으로 들어오고, 우리가 어디쯤 가고 있는지 파악할 수 있어요.

우리는 도착하자마자 환자를 비행기로 옮겨요. 목뼈나 척추를 다쳤을지도 모르는 환자에게는 척추 고정판을 대 줘야 해요.

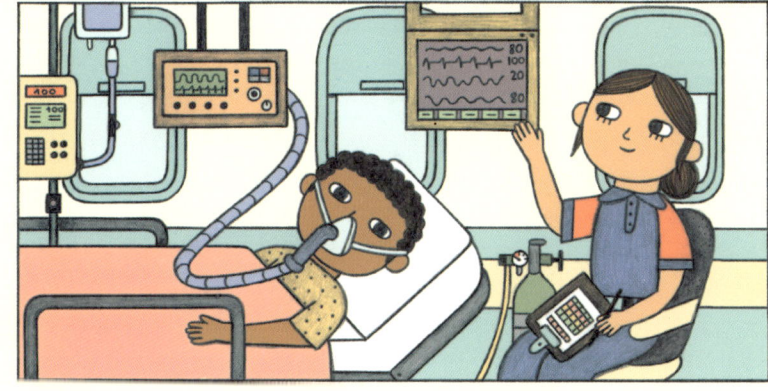

응급 치료가 필요한 환자를 위해 비행기 안에는 항상 인공호흡기 같은 구명 장비를 잘 갖춰 놓아요.

생명을 지키는 아홉 번째 직업

외과 의사

나는 파키스탄 병원에서 일하는 외과 의사, 아산이에요. 아픈 사람들을 수술해서 고쳐 주지요. 아침마다 병실을 돌면서 간밤에 환자들 상태가 어땠는지, 수술 후 몸이 잘 회복되고 있는지 살펴봐요. 이렇게 병실을 다니며 진찰하는 것을 '회진'이라고 하지요.

나는 주로 환자들을 수술하는 일을 하지만, 의학 연구에 참여하고 수술 계획을 세우고 새로운 환자를 만나는 일도 빼놓지 않아요. 수술 일정을 잡기 전에는 엑스레이 촬영 등 여러 가지 검사를 해서 환자에게 맞는 치료법이 무엇인지 정확히 파악하지요. 수술이 꼭 필요한 경우라면, 환자에게 수술에 대해 자세히 설명해 주고 질문에 대답도 해 준답니다.

수술은 하루에 한 번에서 세 번까지도 해요. 몇 분밖에 걸리지 않는 간단한 수술도 있지만, 몇 시간 동안 수술할 때도 있어요. 수술실에서는 의료 기술자들과 간호사들이 필요한 수술 도구들을 나한테 건네주고, 수술하는 동안 모니터를 보며 환자 상태가 어떤지 계속 확인해 주면서 나를 도와줘요. 수술이 순조롭게 진행돼서 환자가 건강하게 회복하기를 바라는 마음으로 다 함께 노력하지요.

아산, 파키스탄

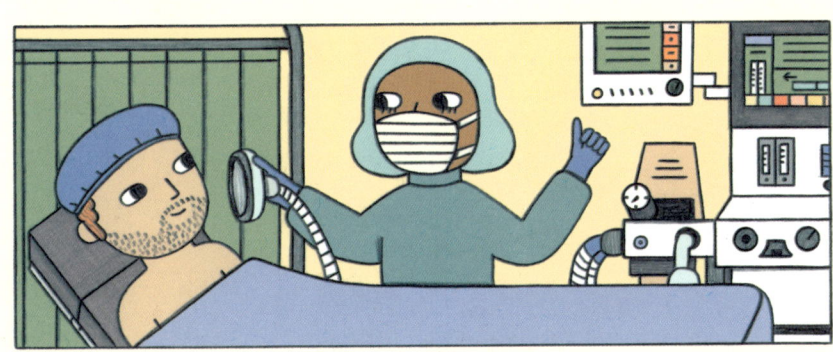

수술을 시작하기 전에 마취 전문의가 약물을 이용해 환자를 마취해요. 수술하는 동안 환자가 통증을 느끼지 않게 하기 위해서예요.

수술실로 들어가기 전에 손을 깨끗하게 씻은 다음 수술복으로 갈아입고 장갑을 껴요.

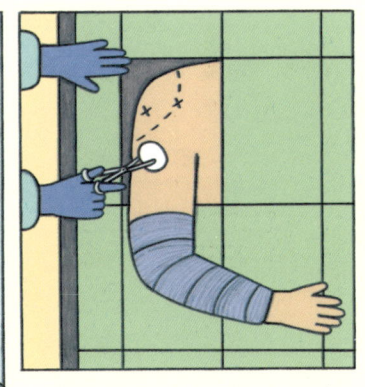

수술할 때 환자의 몸을 무균 처리한 천으로 가리고, 수술할 부위만 드러내요.

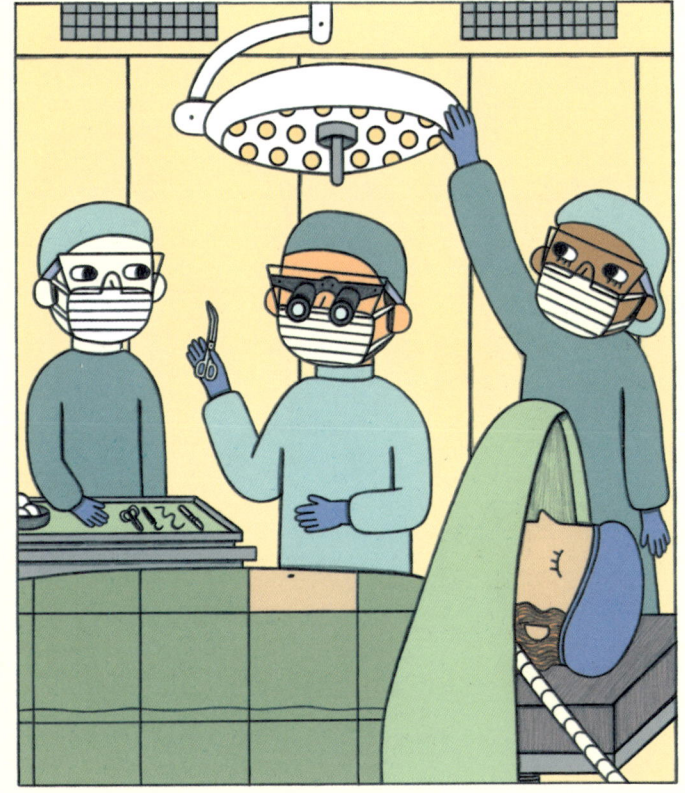

수술실에는 그림자가 생기지 않는 특수 조명인 '무영등'이 있어서, 환자의 수술 부위를 자세히 볼 수 있어요. 수술이 끝나면 환자를 회복실로 옮겨서 편안히 휴식을 취하도록 해 주지요.

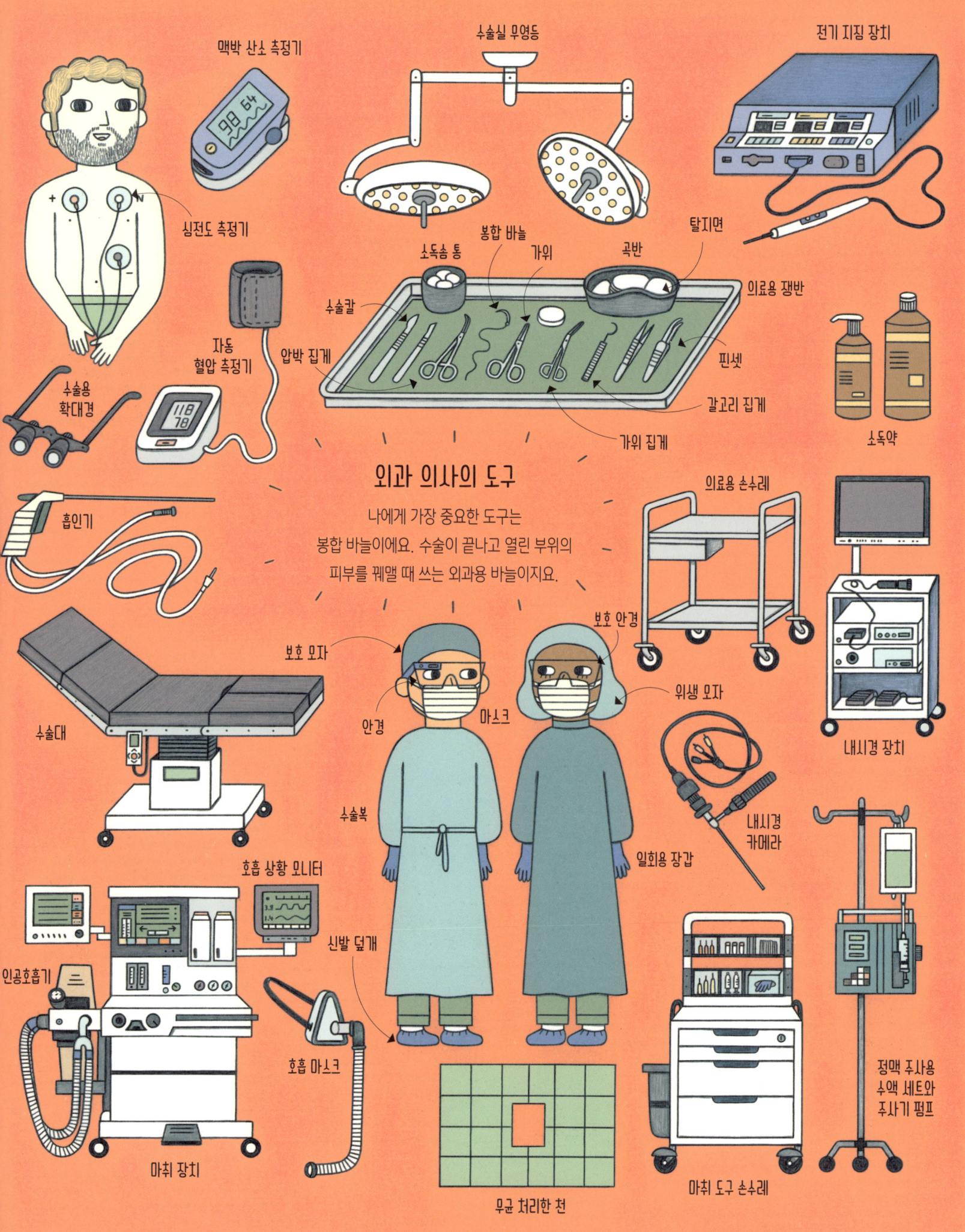

생명을 지키는 열 번째 직업
암 연구 과학자

나는 중국인 진이라고 해요. 암 치료법을 알아내는 연구 팀에서 일하는 과학자예요. 암세포를 자세히 관찰하면서 어떤 약이 암세포를 없애고, 또 어떤 약은 없애지 못하는지 연구하고 있어요.

내가 주로 하는 일은 세포 배양 접시나 인큐베이터를 이용해서 암세포를 키우는 거예요. 이 암세포들이 어떻게 변화하는지 지켜보고, 각기 다른 약을 투입해서 어떻게 반응하는지 알아보는 실험을 해요. 그렇게 효과가 있는 약을 찾고, 효과를 증명하기 위해 앞 과정을 반복해서 똑같이 효과가 있는지 실험하지요. 살아 있는 암세포를 다루는 건 마치 떨어뜨린 공이 어디로 튈지 모르는 것처럼 예측하기 어려운 일이라서 무척 힘들어요.

그래서 다른 과학자들의 최신 연구 성과들을 읽으며 공부해요. 과학자들은 항상 새롭게 '발견'한 것을 실험으로 '확인'하고, 이렇게 얻은 지식을 다른 사람들과 '공유'해야 한다고 생각하지요. 내 직업의 가장 좋은 점은 생명을 구하기 위해 연구한다는 거예요. 연구를 통해 발견한 지식을 모든 사람이 볼 수 있도록 논문이나 책으로 펴내는 건 정말 멋진 일이라고 생각해요.

진, 중국

암세포 표본을 현미경으로 관찰하면서, 암세포가 서로 다른 약과 환경에 각각 어떻게 반응하는지를 살펴봐요.

연구 팀의 다른 과학자들과 함께 연구에 대해 의논하는 것도 중요해요.

하루 일과를 마무리할 때면, 실험하고 있던 암세포 표본을 밤새 신선한 상태로 유지하기 위해 실험용 냉장고나 냉동고에 넣어 둬요.

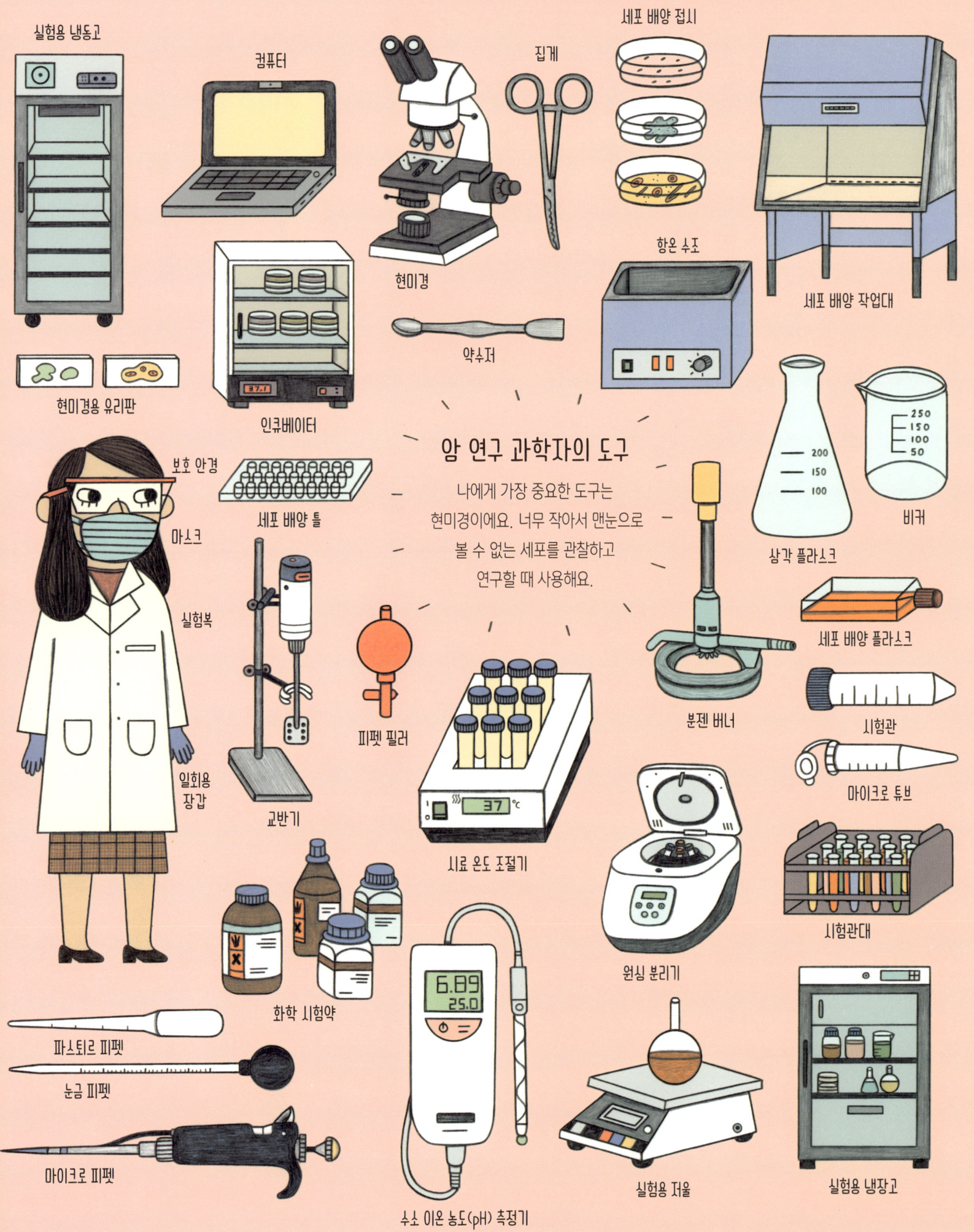

생명을 지키는 열한 번째 직업
구호 활동가

내 이름은 가브리엘라예요. 구호 단체에 소속되어 전 세계를 돌아다니며 사람들을 돕는 구호 활동가지요. 구호 활동이란 홍수나 지진, 화산 폭발 같은 자연재해 또는 전쟁으로 고통받는 사람들에게 필요한 물자나 자원금을 제공해서 다시 일어설 수 있도록 도와주는 활동이에요.

우리가 가는 곳은 홍수 피해를 입은 자그마한 마을일 수도 있고, 전쟁이 휩쓸고 간 넓은 지역일 수도 있어요. 그런 곳들은 생존에 꼭 필요한 기본 물품조차 턱없이 부족하지요.

구호 활동을 시작하기 전에 꼭 알아 둘 것이 있어요. 먼저 그 지역 책임자나 마을의 원로에게 연락해서 도와주고 싶다는 뜻을 밝히고 허락을 구해야 해요. 이때 그 지역의 문화와 관습을 익히고 존중하는 태도가 필수지요. 그 지역 사회가 어떤 피해를 입었는지, 사람들에게 필요한 것이 무엇이고 우리의 도움을 달갑게 받아들일지 알아봐야 해요. 그런 다음에 지역 사람들과 힘을 모아 꼭 필요한 물자들을 챙겨요. 안타깝게도 우리의 손길이 도움이 필요한 모든 사람에게 닿지는 못해요. 구호 활동가는 어떤 힘든 상황에서도 인내심을 가지는 게 중요해요. 어려운 환경에서도 침착하고 안정된 태도를 유지해야만 사람들을 도와줄 수 있으니까요.

가브리엘라, 이탈리아

우리는 음식, 옷, 의약품 등 생활필수품도 마음대로 구할 수 없는 재해 지역으로 차를 몰고 가요.

돈이나 물품을 제공하기 전에 먼저 합법적인 절차를 확인하고 구호 기금을 마련해야 해요.

그 나라의 법이 어떤지, 시장을 이용할 수 있는지, 사람들이 어떤 것을 받기를 원하는지에 맞춰서 돈이나 물품을 제공해요.

마을의 책임자를 만나 우리가 알게 된 유용한 사실을 공유하고 더 필요한 것은 없는지 물어봐요.

생명을 지키는 열두 번째 직업

인명 구조원

나는 쿤이에요. 네덜란드 북부 해변에서 인명 구조원으로 일해요. 인명 구조원은 둘씩 짝을 이뤄서 일하지요. 아침에 나와 동료는 맡은 구역으로 순찰차를 타고 가면서 오늘 날씨는 어떤지, 해변에서 열리는 특별한 행사가 있는지 등을 의논해요.

해변을 순찰하면서, 다른 장소에 있는 구조원들과 무전기로 상황을 서로 알려 줘요. 우리는 사람들을 안전하게 수영할 수 있는 장소로 안내하면서, 바다 쪽을 계속 관찰해요. 사고는 언제라도 순식간에 일어날 수 있기 때문에 긴장의 끈을 놓을 수가 없지요.

그러다가 호출기에 불이 들어와 사고가 일어났음을 알려요. 누군가 물에 빠지거나 해변에서 다친 사람이 있다는 것이지요. 상황에 맞게 최대한 빨리 구급상자나 튜브 같은 구조 물품을 챙겨서 대처해요. 그리고 만일을 대비해 구급차나 구조선과 연락을 취할 준비도 해 놓아요.

구조 활동이 끝나면 다시 해변으로 돌아가 순찰을 계속해요. 인명 구조원으로서 항상 긴급 상황에 맞닥뜨릴 준비를 하는 것이 중요하지요. 하루가 저물 때 사람들이 모두 안전하게 집으로 돌아갈 수 있도록 말이에요. 그게 우리의 책임이니까요.

쿤, 네덜란드

해변을 순찰하다가 긴급 상황이 발생하면 호출기에 불이 들어와요.

물에 빠진 사람이 있으면, 구명조끼를 입고 구명부표를 쥔 채 바다에 뛰어들어 구한 다음 안전하게 뭍으로 데리고 나와요.

뭍에서 다친 사람을 보면, 구급상자에 들어 있는 의료 도구로 응급 처치를 해요. 부상이 심하면 들것을 이용해 옮기고, 구급차를 불러 병원에 가도록 도와요.

우리에게 직업의식과 전문 지식을 공유해 준
열두 명의 사람들

소방관

레오니 홀트

응급 구조사

다비드-로렌스 레셔

소아과 간호사

세실리아 고메스

산악 구조원

파비앙 뒤지트

심리 상담사

요하네 슈벤젠

경찰관

도미니크 존

수의사

타미카 루이스

비행 진료 의사

앤드루 랫클리프

외과 의사

아산 나크비

암 연구 과학자

진리

구호 활동가

가브리엘라 디엘리아

인명 구조원

쿤 휘프컨스

| 사회의 가치를 만들어 갈 어린이에게 |

서로의 생명을 지키고자 하는 마음을 가져요

세계 곳곳, 지금 이 순간에도 생명을 지키는 사람들이 있어요. 나라에 전쟁이 일어나고 있거나 지진이나 화산 폭발과 같은 자연재해로 큰 피해를 입은 사람들, 여러 가지 질병으로 고통받고 있는 환자들, 기본적인 의료 서비스가 부족한 지역의 주민들 등 전 세계적으로 도움이 필요한 사람들을 위해 일하는 '국경없는의사회'처럼요. 우리 국경없는의사회는 의사, 약사, 행정가 등 다양한 분야의 사람들이 모여 구호 활동가로서 국경을 넘어 생명을 살리기 위해 노력하고 있지요.

국경없는의사회의 구호 활동가를 포함하여 소방관, 경찰관, 의사, 간호사, 응급 구조사, 산악 구조원, 인명 구조원뿐만 아니라 심리 상담가, 수의사, 암 연구 과학자까지 서로 하는 일은 다르지만, 생명을 소중히 여기는 마음은 모두 같아요. 그런 훌륭하고 아름다운 마음가짐이 『생명을 지키는 사람들의 하루』에 온전히 담겨 있어요. 나라와 인종에 관계없이 생명을 살리는 다양한 직업에 초점을 맞추고, 그 직업을 가진 사람들이 어떤 마음으로 어떤 일을 하는지 잘 보여 주지요.

이 그림책으로 최선을 다해 우리의 안전과 생명을 책임지는 사람들이 사회 곳곳에 있음을 깨닫고 고마움을 느꼈으면 해요. 그리고 함께 살아가는 데 서로 돕는 것이 얼마나 긍정적인 변화를 가져오는지 생각해 봤으면 좋겠어요. 그런 가치를 이어받아 내일의 생명을 지키는 사람을 꿈꿔 보면 어떨까요?

이제부터 생명을 지키는 사람들의 하루를 응원해 봐요!

국경없는 의사회

글 에릴 내시

영국의 어린이책 기획 편집자이자 작가입니다. 인류학, 고고학, 생물학을 공부했고, 한때 고고학자로서 프로젝트를 진행한 경험이 있습니다. 과학과 역사, 자연 등 논픽션 분야를 전문으로 참신하고 재미있는 어린이책을 씁니다.

그림 아나 알베로

스페인에서 태어나 프랑스 파리국립장식미술학교에서 시각커뮤니케이션을 공부하고, 독일 베를린예술대학교에서 일러스트레이션을 공부했습니다. 지금은 독일 베를린에 살면서 다양한 분야의 일러스트 작업을 합니다. 크고 오동통한 얼굴과 몸집, 그에 비해 작고 섬세한 이목구비와 손발을 가진 익살스러운 캐릭터를 그립니다. 우리나라에서 전시회를 열어 커다란 사랑을 받았습니다.

옮김 김배경

가톨릭대학교를 졸업하고 영국 스털링대학교에서 출판학 석사 학위를 받았습니다. 교계신문 취재 기자를 거쳐 출판사 편집자를 지내고, 어린이 청소년 책을 우리말로 옮깁니다. 『우리가 만든 나라 이름은 '전쟁'』 『나는야 베들레헴의 길고양이』 『위대한 건축가 안토니오 가우디의 하루』 『진실을 보는 눈 -기록하는 사진작가 도로시아 랭』 등을 우리말로 옮겼습니다.

해설 국경없는의사회

국경없는의사회는 1971년 프랑스 의사들과 의학 전문 언론인들에 의해 설립되었습니다. 인도주의의 가치를 바탕으로 나라, 인종, 종교, 성별에 관계없이 모든 사람은 필요한 의료를 받을 수 있어야 한다는 신념을 가지고 세계 곳곳 도움이 필요한 지역에서 활동하는 국제 의료 구호 단체입니다.

참고 사이트
- 소방청 www.nfa.go.kr
- 경찰청 www.police.go.kr
- 질병관리청 www.kdca.go.kr
- 대한의사협회 의학용어위원회 http://term.kma.org
- 대한심폐소생협회 www.kacpr.org
- 한국물리학회 www.kps.or.kr
- 한국생물과학협회 www.kaobs.or.kr
- 국경없는의사회 한국사무소 https://msf.or.kr

+생각을더하는 그림책 은 우리 아이들이 넓고도 깊은 생각을 할 수 있도록 국내외 좋은 그림책들을 모아서 구성한 그림책 시리즈입니다.

일과 도구로 이해하는 열두 가지 직업
생명을 지키는 사람들의 하루

초판 1쇄 2021년 10월 20일 | 초판 2쇄 2022년 8월 5일

지은이 에릴 내시 | **그린이** 아나 알베로 | **옮긴이** 김배경 | **해설** 국경없는의사회
펴낸이 김찬영 | **펴낸곳** 책속물고기
출판등록 제2021-000002호 | **주소** 서울특별시 영등포구 양평로 157, 1112호
전화 02-322-9239(영업) 02-322-9240(편집) | **팩스** 02-322-9243
전자메일 bookinfish@naver.com

ISBN 979-11-6327-107-9 77300

※ 이 책의 내용을 쓰고자 할 때는 저작권자와 출판사 양측의 허락을 받아야 합니다.
※ 잘못된 책은 바꾸어 드립니다.
※ 값은 뒤표지에 있습니다.

품명 아동 그림책　**사용연령** 7세 이상
주의사항 종이에 베이거나 긁히지 않도록 조심하세요.
책 모서리가 날카로우니 던지거나 떨어뜨리지 마세요.
KC마크는 이 제품이 공통안전기준에 적합하였음을 의미합니다.